Mascha Kaléko

# Wir haben keine andre Zeit als diese

*Mascha Kaléko* (1907–1975) fand in den Zwanzigerjahren in Berlin Anschluss an die intellektuellen Kreise des Romanischen Cafés. Zunächst veröffentlichte sie Gedichte in Zeitungen, bevor sie 1933 mit dem ›Lyrischen Stenogrammheft‹ ihren ersten großen Erfolg feiern konnte. 1938 emigrierte sie in die USA, 1959 siedelte sie von dort nach Israel über. Mascha Kaléko zählt neben Sarah Kirsch, Hilde Domin, Marie Luise Kaschnitz, Nelly Sachs und Else Lasker-Schüler zu den bedeutendsten deutschsprachigen Lyrikerinnen des 20. Jahrhunderts.

*Eva-Maria Prokop* hat sich viele Jahre beruflich und privat mit dem Nachlass der Dichterin Mascha Kaléko beschäftigt und kennt das Werk wie kaum jemand anderes. Sie lebt im Chiemgau und arbeitet als Coach und als Lektorin. www.evaprokop.de

Mascha Kaléko

# Wir haben keine andre Zeit als diese

Gedichte über das Leben

Ausgewählt und herausgegeben von
Eva-Maria Prokop

dtv

Für Gisela Zoch-Westphal,
die uns Mascha Kalékos Nachlass zugänglich gemacht hat.

MIX
Papier | Fördert gute Waldnutzung
FSC® C014889

Originalausgabe 2021
9. Auflage 2025

Tumblinger Straße 21, 80337 München,
produktsicherheit@dtv.de
Umschlaggestaltung: buxdesign | Ruth Botzenhardt
Satz: Greiner & Reichel, Köln
Druck und Bindung: Friedrich Pustet, Regensburg
Printed in Germany · ISBN 978-3-423-28270-3

# Inhalt

Was geschehn soll, wird geschehen 9

Die Koffer voll von Sehnsucht 31

Ich bin geschlagen aber nicht besiegt 61

Kein Wort vermag Unsagbares zu sagen 87

Merke: nichts ankert im Wasser, das fließt 113

Nachwort 131

Alphabetisches Verzeichnis der Gedichtüberschriften und -anfänge 138

# Vorspruch – ziemlich frei nach Goethe

»Diese Worte sind nicht alle in Sachsen,
Noch auf meinem eigenen Mist gewachsen.
Doch was für Samen die Fremde bringt,
Erzog ich im Lande, gut gedüngt.«

*Goethe, ›Sprüche in Reimen‹*

Zu den hier mitgeteilten Worten
Fand ich den Anlaß vielerorten.
Teils bei Hellenen und Angelsachsen,
Und teils auf eigenem Mist gewachsen.
Auch was einst das Land meiner Heimat gesät,
Der Wind hat es mir in die Fremde geweht.

*Mascha Kaléko*

*Was geschehn soll, wird geschehen*

## Lobenswertes Lebensmotto

Was immer die Dinge mir bringen,
ich stehe über den Dingen.
Was immer die Dinge mir tun,
ich tue, als wär ich immun.
Und kann ich das Wollen nicht wollen,
so schicke ich mich in das Sollen.
Die Haltung zum Guten, zum Schlimmen
kann keiner als ich nur bestimmen.

## Sozusagen grundlos vergnügt

Ich freu mich, daß am Himmel Wolken ziehen
Und daß es regnet, hagelt, friert und schneit.
Ich freu mich auch zur grünen Jahreszeit,
Wenn Heckenrosen und Holunder blühen.
– Daß Amseln flöten und daß Immen summen,
Daß Mücken stechen und daß Brummer brummen.
Daß rote Luftballons ins Blaue steigen.
Daß Spatzen schwatzen. Und daß Fische schweigen.

Ich freu mich, daß der Mond am Himmel steht
Und daß die Sonne täglich neu aufgeht.
Daß Herbst dem Sommer folgt und Lenz dem Winter,
Gefällt mir wohl. Da steckt ein Sinn dahinter,
Wenn auch die Neunmalklugen ihn nicht sehn.
Man kann nicht alles mit dem Kopf verstehn!
Ich freue mich. Das ist des Lebens Sinn.
Ich freue mich vor allem, daß ich bin.

In mir ist alles aufgeräumt und heiter:
Die Diele blitzt. Das Feuer ist geschürt.
An solchem Tag erklettert man die Leiter,
Die von der Erde in den Himmel führt.
Da kann der Mensch, wie es ihm vorgeschrieben,
– Weil er sich selber liebt – den Nächsten lieben.
Ich freue mich, daß ich mich an das Schöne
Und an das Wunder niemals ganz gewöhne.
Daß alles so erstaunlich bleibt, und neu!
Ich freu mich, daß ich … Daß ich mich freu.

## Rezept

Jage die Ängste fort
und die Angst vor den Ängsten.
Für die paar Jahre
wird wohl alles noch reichen.
Das Brot im Kasten
und der Anzug im Schrank.

Sage nicht mein.
Es ist dir alles geliehen.
Lebe auf Zeit und sieh,
wie wenig du brauchst.
Richte dich ein.
Und halte den Koffer bereit.

Es ist wahr, was sie sagen:
Was kommen muß, kommt.
Geh dem Leid nicht entgegen.
Und ist es da,
sieh ihm still ins Gesicht.
Es ist vergänglich wie Glück.

Erwarte nichts.
Und hüte besorgt dein Geheimnis.
Auch der Bruder verrät,
geht es um dich oder ihn.
Den eignen Schatten nimm
zum Weggefährten.

Feg deine Stube wohl.
Und tausche den Gruß mit dem Nachbarn.
Flicke heiter den Zaun
und auch die Glocke am Tor.
Die Wunde in dir halte wach
unter dem Dach im Einstweilen.

Zerreiß deine Pläne. Sei klug
und halte dich an Wunder.
Sie sind lang schon verzeichnet
im großen Plan.
Jage die Ängste fort
und die Angst vor den Ängsten.

Sei still, sei still
Und, hinter Wolken, heiter.
Es geht vorüber;
Und es geht auch weiter …

Die Nacht,
In der
Das Fürchten
Wohnt

Hat auch
Die Sterne
Und den
Mond.

## Wegweiser

Am Kreuzweg fragte er die Sphinx:
Geh ich nach rechts, geh ich nach links?
Sie lächelte: »Du wählst die Bahn,
Die dir bestimmt ward in dem Plan.
Links braust der Sturm, rechts heult der Wind:
Du findest heim ins Labyrinth.«

## Abzählreime für Große

Dreiblätterklee: beinah, beinah.
Mein Glück ist fortgeschwommen.
Mir ist, ich war schon ein Mal da
Und muß noch wiederkommen.

Dreiblätterklee, verhext, verhext.
Drei nur? Ich bin verloren.
Wenn dir das vierte Blättchen wächst,
Werd ich nochmal geboren.

## Gute Vorsätze

»Morgen«, sage ich, »morgen«!
»Übermorgen!« sogar.
Bald ist das Leben vorüber,
ohne daß »morgen« je war.

## In dieser Zeit

Wir haben keine andre Zeit als diese,
Die sich uns neigt mit karg gefüllter Schale.
Wir müssen trinken. Denn zum zweiten Male
Blüht sie uns nicht. Schon droht von fern ein Riese:

Vergänglichkeit. Wir sind nur flüchtige Wesen
Und hinter allem Leuchten mahnt das Fahle.
Schon strömt uns Frösteln zu aus spätem Strahle
Und wir sind alt, noch eh wir jung gewesen.

Einst kamen wir mit Kindes Gläubigkeit
In ein vom Sturm verwüstetes Jahrhundert.
Wir hofften noch. Nun schweigt's in uns verwundert.
Ihr aber könnt nur helfen dem, der schreit.

Zuweilen träumen wir vom Paradiese
Und tief beschämt uns jene Gier nach Glück.
Verhungernd greifen wir nach unserm Stück.
– Wir haben keine andre Zeit als diese …

## Gebet

Es wohnen drei in meinem Haus –
Das Ich, das Mich, das Mein.
Und will von draußen wer herein,
So stoßen Ich und Mich und Mein
Ihn grob zur Tür hinaus.

Stockfinster ist es in dem Haus,
Trüb flackert Kerzenschein.
– Herr: laß dein Sonnenlicht herein!
Dann geht dem Ich, dem Mich, dem Mein
Das fahle Flämmchen aus.

Zuzeiten öffnen sich verschloßne Türen
Und aus der Strahlung tiefverborgnen Seins
Enthüllt sich im Vorüberhuschen eins
Der vielen Iche, die das Ich regieren.

Ein Spielball nur der fliehenden Sekunde
Ein Wolkennebel ausgesetzt dem Wind
So wandelt sich das Ich von Stund zu Stunde
Da ist kein Ich wo so viel Iche sind.

## Das »Mögliche«

Ich habe mit Engeln und Teufeln gerungen,
genährt von der Flamme, geleitet vom Licht,
und selbst das Unmögliche ist mir gelungen,
aber das Mögliche schaffe ich nicht.

## Im Anfang war das Schweigen …

Reden ist Lärm. Schweigen ist Stille.
Leere ist Fülle. Reden, nur Hülle.

Reden schafft Lärm
Schweigen schafft Stille
Stille ist Fülle. Worte nur Hülle.

## Motto für die »Woche der Brüderlichkeit«

In dieser »Woche der Brüderlichkeit«
Wird wacker gepredigt und wacker gesprochen.
Jedoch: *eine* Woche der »Brüderlichkeit«!?
… Wie wär das mit zweiundfünfzig Wochen …?

# Der glückliche Pessimist

Wie glücklich ist der Pessimist,
Wenn etwas schiefgegangen ist!
Und geht es aller Welt auch schlecht,
Ihm bleibt der Trost: er hatte recht.
Ein Träger düstrer Unheilsbrillen,
Glaubt er nicht mal an »freien Willen«.

Doch gläubig sind die Optimisten,
Ob sie nun Moslems, Juden, Christen.
Und kommen sie einst alle heil
In Gottes Himmelreich,
Dann sagt der Optimist: »Dieweil …«
Der Pessimist: »Obgleich …«

# Apropos »Freier Wille«

I.

A.: »Wir tun nur, was wir sollen.«
B.: »Der Mensch kann, was er will.«
A.: »Gewiß. Doch kann er wollen,
das, was er wollen will?«

II.

»Ich hüpfe«, sprach der Gummiball,
»ganz wie es mir beliebt,
und schließe draus, daß es so was
wie ›freien Willen‹ gibt.«

»Mal hüpf ich hoch, mal hüpf ich tief,
nach Lust und nach Bedarf.«
So sprach der Ball, nicht ahnend, daß
des Knaben Hand ihn warf.

III.

Was geschehn soll, wird geschehen,
was mißlingen soll, mißlingen.
Was im Plan nicht vorgesehen,
kann der Stärkste nicht erzwingen.

# *Die Koffer voll von Sehnsucht*

# Vagabundenspruch

Man soll seinen Mantel nicht zu lang an den gleichen
Nagel hängen,
weil es so oft dieser Nagel nur ist, der uns am Ende noch
hält.
– Wer von uns weiß es denn noch, daß auch die düsteren,
engen
Gassen ins Offene führen, in die unendliche Welt …

Bleib du in keiner Stadt; denn ihre Türme und Mauern
sind Menschenwerk und haben nicht Bestand.
Doch Wälder, Berg und Strom schuf Gottes Hand.
Sie werden uns ein Weilchen überdauern
auf diesem Stern, wo man so rasch vergißt.
– Wer sollte wohl um unsereinen trauern,
der überall ein Zugereister ist;
ein Herbergsschild vielleicht? Ein Polizist?

Was mich betrifft, ich weiß, es grünt das Feld,
wenn längst kein räudiger Hund mehr nach mir bellt.
Und Schiffe ziehn, und Küsten blühn für andre.
Wer weiß das nicht? … Weil sich das so verhält
auf dieser tollen, Wunder vollen Welt,
nimm deinen Mantel von der Wand und wandre.

## Einmal sollte man …

Einmal sollte man seine Siebensachen
Fortrollen aus diesen glatten Geleisen.
Man müßte sich aus dem Staube machen
Und früh am Morgen unbekannt verreisen.

Man sollte nicht mehr pünktlich wie bisher
Um acht Uhr zehn den Omnibus besteigen.
Man müßte sich zu Baum und Gräsern neigen,
Als ob das immer so gewesen wär –.

Man sollte sich nie mehr mit Konferenzen,
Prozenten oder Aktenstaub befassen.
– Man müßte Konfession und Stand verlassen
Und eines schönen Tags das Leben schwänzen.

Es gibt beinahe überall Natur,
– Man darf sich nur nicht sehr um sie bemühen –
Und so viel Wiesen, die trotz Sonntagstour
Auch werktags unbekümmert weiterblühen.

… Man trabt so traurig mit in diesem Trott –
Die andern aber finden, daß man müßte …
– Es ist fast, als stünd' man beim lieben Gott
Allein auf der schwarzen Liste.

Man zog einst ein Lebenslos »zweiter Wahl«.
Die Weckeruhr rasselt. Der Plan wird verschoben.
Behutsam verpackt man sein kleines Ideal.
– *Einmal* aber sollte man … (Siehe oben!)

## Kein Kinderlied

Wohin ich immer reise,
ich fahr nach Nirgendland.
Die Koffer voll von Sehnsucht,
die Hände voll von Tand.
So einsam wie der Wüstenwind.
So heimatlos wie Sand:
Wohin ich immer reise,
ich komm nach Nirgendland.

Die Wälder sind verschwunden,
die Häuser sind verbrannt.
Hab keinen mehr gefunden.
Hat keiner mich erkannt.
Und als der fremde Vogel schrie,
bin ich davongerannt.
Wohin ich immer reise,
ich komm nach Nirgendland.

Mich trieb von Berlin nach Amerika
Ein Abschnitt der jüngsten Geschichte.
Nun sitz ich im fernen New York, U. S. A.,
Und schreibe dort – deutsche Gedichte.

## Das sechste Leben

Eine Katze hat neun
Ich brachte es auf fünf

Das erste war keines
Aber das zählt fast doppelt.
Angst, Hunger, Dunkel
Dann kam die Liebe
Und der Tag schien wieder möglich.

Leben Nummer zwei
Bootfahrt auf dem Wasser
Der Jugend.

Nummer drei begann, da hörte
Nummer zwei auf.
Sturm rüttelte am Dach
Die Seidendecke zerriß
Und wir lagen im Gras
Deckten uns zu mit der weißen Wolke
Auf blauem Grund.

Nummer vier begann damit, daß
Aus Zweien drei wurden
Es war ein Märchen
Wunder schon zum Frühstück
Und Zauber am Abend
Wir ritten über das Weltmeer
Trockenen Fußes
Pfeile trafen dicht daneben
Die Glut versengte uns nicht
Wir flogen im Schatten der
Schutzengel-Schwingen
Alle drei die Gott liebte.

Dann nahm er uns das Kind
Schon war es ein Mann geworden
Ein Gott …

Wieder allein, doch nicht
Wie zuvor, da zwei zu sein genügte …

## Autobiographisches

Die sogenannte Goldne Kinderzeit,
nach der so viele von uns Heimweh haben,
hat mein Gedächtnis abgrundtief vergraben
und so von manchem Alpdruck mich befreit.
Was ich noch weiß aus jenen trüben Tagen,
ist nur Erinnerung an Hörensagen.

Ich war halb fünf, als ich zum erstenmal
mich freiheitsuchend aus dem Hause stahl.
Schön wars allein im Walde, unter Sternen,
bis man mich fand, mit Fackeln und Laternen.
Der schnell versammelte Familienteetisch
fand diesen Ausflug keineswegs poetisch.

Die Pubertät, so hieß es, formt das Ich.
Wenn Mädchen diesen Wendepunkt erreichen,
sind ihre Augen große Fragezeichen,
ihr Mund ein schweigender Gedankenstrich.
Es scheint, ich stand in zartem Alter schon
im Zeichen solcher »Interpunktion«.

Ein Schulkind noch, war ich latent verliebt
in jenen einen, den es gar nicht gibt.
Ob Dichterjüngling, Bühnenheld – bei Licht
ergab sichs jedesmal: Dies war er nicht!
Und doch, mein Herz, das Werkzeug dunkler Triebe,
war stets verliebt. Wenn auch nur in die Liebe.

Mit siebzehn ein geschworner Pessimist,
verschlang ich Weininger und Schopenhauer.
Sprach wie Kassandra. Schwieg wie ein Trappist.
Und fand das Dasein vorschriftsmäßig sauer.
Aus purem Trotz nahm ich mir nicht das Leben.
Denn seliger als Nehmen schien das Geben!
Wies weiterging, das mag wer will erfahren
dereinst aus meines Kindes Memoiren.

# Enfant terrible

Ich
Habe eine
Ich habe eine Puppe
Gestohlen.
Die ich mir wünschte
Bekam ich nie.
Drei Geburtstage lang
Und dann die mit Tintenaugen
Und Haaren aus Zelluloid.
Beinah ist oft schlimmer als Nein.
Nun habe ich eine.
(Gestohlen.)

## Notizen

Meine Kindheit weht zu mir herüber
Fernes Glockengeläut aus dem Nebel

Dort ist immer November
Sehnsucht Halsweh und Angst

Im Keller hausen Gespenster
Der Kinderverzehrer im Dach

Die Wände der guten Stube
Mit plüschrotem Nein tapeziert

Fernes Glockengeläut durch den Frost
Dunkel und Flüstern und Fliehen
Und atmen daß keiner dich hört

Und immer fremdere Orte und Nachbarn
Und andere Dialekte

Die alte Wobinichdennangst
Das feindliche Bett im Nirgendwo
Fremder Seifengeruch auf dem Kissen

So viele Brücken hinter dir verbrannt
Aus ihrer Asche immer wieder die falsche, die neue
Phönix-Heimat. Ich kann ja schreien. Gott sei Dank.

Fragnichtsoviel
Die Fenster zu. Die Rolläden bleiben herunter.
Wer an der Tür läutet, der Postbote kann's nicht sein.
Kinder werden gesehn nicht gehört
Weinen ist lebensgefährlich

Meine Kindheit ein fernes Geläute
Heimweh und juckende Socken
Geküßt wurde nur auf dem Bahnhof

Der See war zum Ertrinken da, im Sommer
Im Winter: zum Beinebrechen.
Der Himbeerstrauch rief Verboten.

Wie waren die Großen so groß
Das Tor nur auf Zehen zu öffnen
Draußen sang schmetternd die Magd
Ein Vogel pfiff in der Laube
Der Himmel frischgewaschen und weit
Eine Blausilbermurmel aus Glas
Draußen war Freiheit war Liebe

Vielleicht

Hätte ich einen Vater gehabt
Oder gar eine Mutter!
Von einem großen Bruder nicht zu reden …
Jeden sah ich von ferne an
Und wünschte ihn mir.

Vier waren in der Familie
Aber vier waren es beinahe nie.
Vater beständig auf Reisen
Und Mutter bei Tante Li.

Eine Schwester hatte ich wohl
Die sprach nie ungefragt.
Sparte ihr Taschengeld
Und kniff mich unter dem Tisch.

Fremde gegen ein Monatsgehalt
Bevölkerten meine Kindheit.
Emma bewachte die Masern.
Und Minna verband mir die Hände.
Daß du die Windpocken nicht aufkratzt, das wäre ja.
Aber ich kratzte und trage das Mal
Heimlich unter der rechten Wimper.

Zimperlich war ich nicht.
Sprang in den Bach,
Das Kätzchen zu retten.
Spielte mit Kletten
Und stieg die drei knarrenden Treppen
Zur Oma hinauf,
Im Lichtstreik hinauf, ganz allein.
Wenn auch der leibhaftige Frankenstein
Vom Sonntagsfilm mir nachstieg im Dunkel
Und Haarmann, der grausige Haarmann
Der Bockwurst aus Schulkindern machte,
Wie man in der Morgenpost las.

Was ich mir wünschte
Bekam ich nie.
Aber auch darauf war kein Verlaß.
Das Beinahe war schlimmer als das Nein.

Hätte ich Schlittschuhe gehabt.
Zwei Schlittschuhe auf einmal.

Hätte ich ein Heim gehabt
Oder gar eine Heimat
Ich fremder Niemand aus Niemandsland

Mit sieben spielte ich mit meinem Kummer
Versteckea

## Frühlingslied für Zugereiste

Liebes fremdes Land, Heimat du, wievielte.
Park so grün wie dort, wo als Kind ich spielte.
Erster Duft im Strauch. Schüchterne Platanen.
Müßt ihr immer mich an daheim gemahnen?
Alles um mich her blüht im Sonnenlicht.
Doch der Frühling hier ist mein Frühling nicht.

Sagtest du: daheim? Räuber sind gekommen.
Haben Licht und Luft und Daheim genommen.
Amsel, Fink und Star sitzen eingefangen.
Hör' noch, wie daheim Küchenmädel sangen:
»Wenn der weiße Flieder – wieder blüht ...«
Ach, er blühet leider nur im Lied.

Lieber fremder Baum. Weiß nicht deinen Namen,
Weil wir von weit her, aus dem Gestern, kamen.
Wenn bei uns daheim dunkle Weiden weinen,
Junge Birke lacht, weiß ich, was sie meinen.
Fremder Vogel du – sangest süß, verzeih.
Ist so trüb mein Herz. Wartet auf den Mai.

Träumt der Tor vom Mai: Alle Glocken klingen.
Schwalben ziehn im Blau. Kerkermauern singen.
Seht, die Bäume blühn, wo sie Wurzel schlugen.
Mütter, wo sie einst ihre Kinder trugen,
Wiegen sie zur Nacht. Väter kehren heim.
Und der Frühlingswind rauscht den alten Reim.

## Unter fremdem Dach

Nachts hör ich den Regen
Unter fremdem Dach.
Regen … Regen …
Wie hältst du mich wach
Unter fremdem Dach.

So rauschte der Regen
In jenem Jahr …
Durch singende Birken
In triefendem Haar,
In meiner Heimat
Fontänen.

Nun rauscht er mir nimmer
Von Quelle und Bach.
Nun rauscht er mir immer
Von Tränen.

Regen … Regen …
Unter fremdem Dach
Hab ich zu lang,
Zu lang gelegen.

## Enkel Hiobs

Wie tief entbrannte über uns der Zorn!
Wo blieb die Feuersäule, die uns führte,
Dein Wunderfels, der, da man ihn berührte,
Uns Wasser gab, sich wandelte zum Born.

Wo bleibt die Stimme, da der Dornbusch flammt?
Nicht Land, nur Flut, wohin wir auch enteilen.
Wo bleibt der Stab, für uns das Meer zu teilen?
Sind wir auf Ewigkeit zum Irrn verdammt?

Ist uns die letzte Arche schon zerschellt,
Gibt's kein Entfliehen mehr aus solcher Hölle,
Kein Ohr, das vor gewaltgem Schreie gelle,
Ist keine Liebe mehr auf dieser Welt?

Mit Tränen säten wir das erste Korn,
Und sieh, der Halm ist leer, den wir geschnitten.
Was willst du, Herr, noch über Hiob schütten?
– Gar tief entbrannte über uns dein Zorn …

# Der Fremde

Sie sprechen von mir nur leise
Und weisen auf meinen Schorf.
Sie mischen mir Gift in die Speise.
Ich schnüre mein Bündel zur Reise
Nach uralter Vorväter Weise.
Sie sprechen von mir nur leise.
Ich bleibe der Fremde im Dorf.

## Chanson von der Fremde

Die Fremde ist ein kaltes Kleid
Mit einem engen Kragen
Ich hab's mit meinem Koffer oft
Im Leben schon getragen

Als Einzelgänger von Natur
Wohn ich nicht gern zu Gaste
Ich hause lieber unterm Dach
Als fremd im Prunkpalaste

Ich reise ohne Stock und Hut
Und tanze aus dem Reigen
Wenn einer eine Reise tut
Da kann er viel verschweigen.

## Heimweh, wonach?

Wenn ich »Heimweh« sage, sag ich »Traum«.
Denn die alte Heimat gibt es kaum.
Wenn ich Heimweh sage, mein ich viel:
Was uns lange drückte im Exil.
Fremde sind wir nun im Heimatort.
Nur das »Weh«, es blieb.
Das »Heim« ist fort.

# Der Eremit

Sie warfen nach ihm mit Steinen.
Er lächelte mitten im Schmerz.
Er wollte nur sein, nicht scheinen.
Es sah ihm keiner ins Herz.

Es hörte ihn keiner weinen,
Er zog in die Wüste hinaus.
Sie warfen nach ihm mit Steinen.
Er baute aus ihnen sein Haus.

## Die frühen Jahre

Ausgesetzt
In einer Barke von Nacht
Trieb ich
Und trieb an ein Ufer.
An Wolken lehnte ich gegen den Regen.
An Sandhügel gegen den wütenden Wind.
Auf nichts war Verlaß.
Nur auf Wunder.
Ich aß die grünenden Früchte der Sehnsucht,
Trank von dem Wasser das dürsten macht.
Ein Fremdling, stumm vor unerschlossenen Zonen,
Fror ich mich durch die finsteren Jahre.
Zur Heimat erkor ich mir die Liebe.

*Ich bin geschlagen aber nicht besiegt*

## Sei still …

Als ich der Mutter meinen Kummer klagte,
Ich höre noch, was sie dem Kinde sagte
Mit einem Lächeln, wie ich's nie gesehn –
»Sei still, es wird vorübergehn.«

So hielt ich still. Und manches ging vorüber.
Denn alles geht vorüber mit der Zeit:
Das große Glück. Das Frösteln und das Fieber.
Selbst ein Novembertag, ein noch so trüber.
Beständig bleibt nur: Unbeständigkeit.

Als dann der große Zweifel an mir nagte,
– Ich wußte schon, daß man es keinem klagte
Und daß sogar die Freunde mißverstehn –
So oft ich damals an mir selbst verzagte,
War es die leise Stimme, die mir sagte:
Sei still, es wird vorübergehn.

Was ist nicht alles schon dahingegangen
Wie Schneegestöber und wie Windeswehn …
Und dennoch hab ich jetzt erst angefangen,
Den Dingen langsam auf den Grund zu gehn.

Wer nichts begehrt, der ist nicht zu berauben,
Gespenster sind nur dort, wo wir sie glauben.
Ich habe lange, lange nicht geklagt.
Nichts tut das Leid dem, der »es tut nichts« sagt.
Sei der du bist. Mag kommen was da will.
Es geht an dir vorüber, bist du still.

# Katzenjammer-Monolog

Zuweilen möchte man aus sich heraus
Und kann die Tür ins Freie doch nicht finden.
– Dann schnüffelt man vielleicht mal nach den Gründen
Und kriecht noch tiefer in sein Schneckenhaus.

Man müßte vieles tun. Und manches lassen.
Und kann das eine wie das andre nicht.
Man denkt an manche unerfüllte Pflicht,
Bis sich die Dinge dann mit *uns* befassen.

So vieles tut man rasch in Acht und Bann
Mit Augen, die geschlossen schon erblinden.
– Doch auch das Schicksal hat so dann und wann
Auf unserm Konto Unterlassungssünden.

Mitunter scheint's, man sei nun endlich da.
– Am Ziel, von dem man schüchtern nur geträumt hat –
Da plötzlich merkt man, daß man was versäumt hat,
Ein dummes Etwas nur. – Beinah … beinah.

Wenn man ein zweites Mal geboren würde,
Dann finge man das Leben anders an.
– Vielleicht, daß dann so manches anders würde …
(Vorausgesetzt, daß man vergessen kann –)

Daß man vergessen kann, was man erfahren.
– Man horcht sehr oft zu viel in sich herum.
Am besten wär es, klug zu sein und stumm.
Man ist zuweilen alt mit zwanzig Jahren.

## Aus dem Leben eines Aussenseiters

Einen Tagedieb
schelten mich die Nachbarn.

Doch ich
schon früh
im Schweisse meines Angesichtes
säge fleissig
an dem Ast, auf dem ich sitze,
durchstreiche prüfend
meine brachliegenden Äcker
und werfe emsig
die Flinte ins Korn.

Schlägt es dreizehn,
löffle ich dankbar
die Suppe aus, die ich mir eingebrockt habe,
und beisse genussvoll in den sauren Apfel.
Ein gut Gewissen ist
der beste Koch.

Kommt Besuch,
setze ich die Herren
gemütlich zwischen zwei Stühle,
die Damen in Verlegenheit
und mich selbst in die stets bereiten
Brennesseln.

Zu festlichen Gelegenheiten
schlage ich dem Fass den Boden aus und
schlachte die Henne, die die goldenen Eier legt.
Carpe diem, – das heisst: nütze den Tag.

Endlich Feierabend!
Ich strecke mich
auf die zu Markt getragene Bärenhaut,
falte die Hände in den Schoss
und träume
von aller Tage Abend.

Liebe den Nächsten,
und bleib dennoch ehrlich.
Die Masse – hasse
keinen, wenn es geht.
Doch fürchte alle,
denn sie sind gefährlich.
Und wenn man's einsieht,
ist es schon zu spät.

## Das kleinere Übel

Wenn du schon hassen mußt
Und kannst es noch nicht lassen,
Dann üb nach Herzenslust,
Den Haß in dir zu hassen.

# Ausverkauf in gutem Rat

Ich habe aus traurigem Anlaß jüngst
so viel freundschaftlichen Rat erhalten,
daß ich mich genötigt sehe,
einen Posten guten Rat billig
abzugeben.
Denn: so einer in Not ist,
bekommt er immerfort
guten Rat. Seltener, Whisky.

Durch Schaden-Freunde
wird man klug.
Sie haben für alles
passenden Rat parat.
Für Liebeskummer und Lungenkrebs.

Für Trauerfälle und deren Gegenteil.
Denn Rat erspart oft Taten.
Befolgt der Freunde Un-Rat nicht!
Dann seid ihr wohl beraten.

Sie kommen mit Gaben
Auf Rück-Gaben rechnend.
Die Buchführer der Freundschaft.

Kleine Geschenke *erkalten* die Freundschaft.

Große erhalten sie warm.

»Liebe« und »Freundschaft«
– die Narkose auf dem Operationstisch Leben.

Dem besten Freunde
klagte er
den Schmerz seines Lebens.
Der hörte ihm zu die lange Nacht
erhob sich am Morgen:
Ich habe Freund, redlich, das Schlimme
mit dir geteilt
und trage meine Hälfte nun mit mir fort.

Schlimmes, mein Lieber,
hat dir das Leben getan.
Doch wisse, dein Unglück
brachte mir Trost:
Siehe, auch diesem,
des Himmels Liebling,
ward nichts erspart.

Daß dem so ist, im Geheimen,
betrübt mich gar sehr
denn siehe, ich bin
nicht schlechter
als andere
beste Freunde.
Nur weiß ich die Wahrheit.
Ich bitte dich nun,
teil du diese Bürde
mit mir.

## Kleine Auseinandersetzung

Du hast mir nur ein kleines Wort gesagt,
Und Worte kann man leider nicht radieren.
Nun geht das kleine Wort mit mir spazieren
Und nagt …

Uns reift so manches stumm in Herz und Hirn,
Den andern fremd, uns selbst nur nah im stillen.
Das schläft, solang die Lippen es verhüllen,
Entschlüpft nur unbewacht, um zu verwirrn.

Was war es doch? – Ein Nichts. Ein dummes Wort …
So kurz und spitz. Leis fühlte ich das Stechen.
In solchen Fällen kann ich selten sprechen,
Drum ging ich fort.

Nun wird ein Abend wie der andre sein,
Sinnlos mein Schweigen, ziellos mein Beginnen.
Leer wird die Zeit mir durch die Finger rinnen.
Das macht: ich weiß mich ohne dich allein.

… Ich muß schon manchmal an das Ende denken
Und werde dabei langsam Pessimist.
So ein paar kleine Silben können kränken.
– Ob dies das letzte Wort gewesen ist?

## Das Ende vom Lied

Ich säh' dich gern noch einmal, wie vor Jahren
Zum erstenmal. – Jetzt kann ich es nicht mehr.
Ich säh' dich gern noch einmal wie vorher,
Als wir uns herrlich fremd und sonst nichts waren.

Ich hört' dich gern noch einmal wieder fragen,
Wie jung ich sei … was ich des Abends tu –
Und später dann im kaumgebornen »Du«
Mir jene tausend Worte Liebe sagen.

Ich würde mich so gerne wieder sehnen …
Dich lange ansehn stumm und so verliebt –
Und wieder weinen, wenn du mich betrübt,
Die vielzuoft geweinten dummen Tränen.

Ich brüte wieder hinter meiner Wolke
Und trau der Sonne nicht. Ich weiß sie trügt.
Ich geh den Menschen leise aus dem Wege
Ich bin geschlagen aber nicht besiegt.

locker
so locker hinterm Auge
sitzen mir die Tränen
wie Regentropfen vor dem Gewitter
es braucht nichts als einen
kleinen Blitz
und du
weinst

## Seiltänzerin ohne Netz

Mein Leben war ein Auf-dem-Seile-Schweben.
Doch war es um zwei Pfähle fest gespannt.
Nun aber ist das starke Seil gerissen:
Und meine Brücke ragt ins Niemandland.

Und dennoch tanz ich und will gar nichts wissen,
Teils aus Gewohnheit, teils aus stolzem Zorn.
Die Menge starrt gebannt und hingerissen.
Doch gnade Gott mir, blicke ich nach vorn.

Ich habe es satt
immer tapfer zu sein
Mein eignes Denkmal abzugeben
bei Lebzeiten

Im Schönheitssalon
bei den Schnattergänsen
will ich den hilflosen
blauumrandeten
Augenaufschlag
lernen.

Und wie man einen
gekonnten
Nervenzusammenbruch
produziert.
Weil ich es satt habe,
immer tapfer zu sein.

## »Take it easy!«

»Tehk it ih-sie« – sagen sie dir.
Noch dazu auf Englisch.
»Nimm's auf die leichte Schulter!«

Doch du hast zwei.
Nimm's auf die leichte!

Ich folgte diesem populären
humanitären
Imperativ.
Und wurde schief.
Weil es die andre Schulter auch noch gibt.

Man muß sich also leider doch bequemen,
es manchmal auf die schwerere zu nehmen.

# Was man so alles überlebt

Ich frage mich oft,
und ich gehe mir dabei selbst auf die Nerven.
Denn es ist eine Frage in mehreren Strophen:
Warum werfen uns seelische Katastrophen
Nicht um?

Gewiß, sie tun es schon. Aber sozusagen auf Raten.
Wenn wir, zum Beispiel, bei einem Unfall
Gründlich unter die Räder geraten,
Ist das eine einmalige Sache.
Und der Tod
Kommt
Prompt.

Hingegen, wenn uns, na, sagen wir es blumig,
Das sogenannte Rad des Lebens –
»Zermalmt« ist da wohl das richtige Wort –
So geschieht das keineswegs sofort.

Das Unglück läppert sich. Mit oder ohne Schuld.
Die Katastrophe sagt mit fast zynischem Gähnen:
Geduld, Geduld!
Du wirst dich schon an mich gewöhnen.

Wenn das, was wir Liebe zu nennen gewohnt sind,
Stirbt,
Geschieht es auch selten auf einen Schlag,
Sondern auch nur so schrittweise, Tag um Tag
Vielleicht ein Tausendstel Millimeter.
– Sonst gäb's chronische Epidemien von gebrochenen
   Herzen.
So aber verschmerzen wir's fast. Und später
Lächelt man fast unter Trümmern und Scherben
Über so manches vernarbte Ade.

Denn der Tod tut nicht weh.
Nur das Sterben.

# *Kein Wort vermag Unsagbares zu sagen*

## Wie sag ich's meinem Kinde?

Jüngst sah mein kleiner Sohn
Den ersten Totenwagen.
– Er gab nicht einen Ton
Und stellte keine Fragen.

Doch dann, nach ein paar Tagen,
Begann er zögernd-leis.
– Was konnte ich schon sagen,
Wo man doch selbst nichts weiß.

Das Schulrezept: Botanik,
»Vom Werden und Verderben«,
Erzielte nichts als Panik:
»Mama, auch du kannst sterben?!«

Es war nicht pädagogisch,
Vom Fortbestand der Seelen
Und viel zu theologisch,
Vom Himmel zu erzählen.

Doch mangels akkuraten
Berichts aus jenen Sphären,
Erschien es mir geraten,
Zu trösten, statt zu lehren.

Im Kreis der »Aufgeklärten«
Bin ich darob verfemt.
– Verzeiht, Ihr Herrn Gelehrten,
Wenn mich das nicht sehr grämt.

Die Bücherweisheit ist bankrott,
Der Blinde führt den Blinden.
– Und wahrlich, gäb es keinen Gott,
Man müßte ihn erfinden.

## Trauernd hinterblieben

Der Tod brach ein in meiner Jugend Land.
Um manchen Namen zog er seinen Rand.
Nun starb Ernst C. Ich hab ihn wohl gekannt.
Die Reihen lichten sich. Die Welt wird dunkel.

In meines Herzens stetem Aufundab
Spür ich der schwarzen Pferde düstern Trab,
Seit ich dem Freunde das Geleite gab.
Die Steine mehren sich. Der Pfad wird schmaler.

Im Lehm versickert unser Tropfen Zeit.
Das Lied verwelkt. Es wächst die Einsamkeit.
Und endlich findet uns der Tod bereit.
Das Dunkel schwindet. Und die Sterne leuchten.

# Leben vor dem Tode

Was nachher kommt, wie sollen wir das wissen?
Doch wenn es stimmt, was mir schon oft geträumt,
dann werd ich leider wiederkommen müssen,
um nachzuholen, was ich hier versäumt.

Nie störte mich die Kürze dieses Lebens.
Mir reicht, was mir geschah, was ich ertrug.
Nochmal von vorn das Ganze? Nein, vergebens.
Herr, laß mir meine Ruh. Ich hab genug.

# Allerseelen

Ob wohl die Toten im Grabe nichts spüren?
Ob sie nicht dürsten, ob sie nicht frieren …
Ahnen sie nichts mehr von Freude und Trauer,
sind sie so leblos wie Mörtel und Mauer,
die ja, so meint man, wie Wolke und Wind
– weiß man es wirklich? – empfindungslos sind.
Sehnen sich Tote nie mehr nach dem Einst?
Wissen sie gar nicht, daß du um sie weinst,
laut um sie klagst in den sternhellen Nächten,
mit ihnen bist in den finsteren Schächten,
wo sie nun liegen mit Erde und Wurm.

In meinen Träumen läutet es Sturm,
schlägt's an mein Fenster, rasselt's an Türen.
– Ob wohl die Toten im Grabe nichts spüren?

## Letztes Lied

Ich werde fortgehn, Kind. Doch du sollst leben
Und heiter sein. In meinem jungen Herzen
Brannte das goldne Licht. Das hab ich dir gegeben,
Und nun verlöschen meine Abendkerzen.

Das Fest ist aus, der Geigenton verklungen,
Gesprochen ist das allerletzte Wort.
Bald schweigt auch sie, die dieses Lied gesungen.
Sing du es weiter, Kind, denn ich muß fort.

Den Becher trank ich leer, in raschem Zug
Und weiß, wer davon kostete, muß sterben …
Du aber, Kind, sollst nur mein Gestern erben
Und all den Segen, den es in sich trug:

Mir war das Leben wie ein Wunderbaum,
Von dem in Sommernächten Psalme tönen.
– Nun sind die Tage wie geträumter Traum;
Und alle meine Nächte, alle – Tränen.

Ich war so froh. Mein Herz war so bereit.
Und Gott war gut. Nun nimmt er alle Gaben.
In deiner Seele, Kind, kommt einst die Zeit,
Soll, was ich nicht gelebt, Erfüllung haben.

Ich werde still sein; doch mein Lied geht weiter.
Gib du ihm deinen klaren, reinen Ton.
Du sei ein großer Mann, mein kleiner Sohn.
Ich bin so müde – aber du sei heiter.

## Frommer Wunsch

Noch ein Mal mit Augen des Kindes
Zu schauen die Welt, wie zuvor!
Noch ein Mal dem Rauschen des Windes
Zu lauschen mit kindlichem Ohr …
Wie einstmals, die knospenden Linden,
Den singenden Duft von Jasmin
Mit staunendem Herzen empfinden,
Mit allem was blühet zu blühn!

Nichts wissend von gestern und morgen,
Verankert im seligen Nun –
Im Kreise der Engel geborgen,
Im Reiche der Unschuld zu ruhn …
Zu atmen voll Glück und Vertrauen
So nahe dem finsteren Tor –
Noch ein Mal, noch ein Mal zu schauen
Das Wunder der Welt, wie zuvor!

## Temporäres Testament

Nach meinem Tode (Trauer streng verbeten)
Verlaß ich diesen elenden Planeten.
Wenn Plato recht hat, – Plato ist mein Mann:
Erst wenn man tot ist, fängt das Leben an.

Kapitel Eins beginnt mit dem Begräbnis,
Der Seele letztes irdisches Erlebnis.
Auf meines freue ich mich heute schon!
– Da gibt es keine Trauerprozession.

Kein Lorbeerkranz vom Bund der Belletristen;
Kein Kunstvaein hat mich in seinen Listen,
Kein Dichtazirkel … Sagen wir es schlicht:
Gesellig war die sanft Entschlafne nicht.

Der Redakteur, den sie einst tödlich kränkte,
Als er sein Mäntlein nach dem Winde hängte,
Hat ihren Nachruf lange schon gesetzt.
Der schließt: »M. K. war reichlich überschätzt«.

Diverse Damen, deren Herren Gatten
Zuzeiten eine Schwäche für mich hatten,
Die werden selbst im Regen Schlange stehen,
Um mich auch wirklich mausetot zu sehen.

Die strengen Richter meiner wilden Jugend
Entdecken der Verstorbnen edle Tugend …
Und eingedenk der menschlichen Misere
Vergießt so mancher eine Anstandszähre.

Den wahren Freunden, – ach, sie sind zu zählen!
Werd ich vielleicht zuweilen etwas fehlen.
Moral: Was euch im Leben zu mir zog,
Hebt es nicht auf für meinen Nekrolog!

POST SCRIPTUM: Schont die guten Taschentücher,
Ihr Herrn Verleger meiner wenigen Bücher.
Mein »letzter Wunsch« – mag man ihn übelnehmen:
Zahlt meinem Kind die fälligen Tantiemen!

## Uhrenlied

Mein Zeiger läuft behende
Und kommt doch nirgends an.
Er tickt mir Zeit und Unzeit
Nach festgefügtem Plan.
Ich schlafe oder wache,
Er aber geht und geht.
Was immer ich auch mache,
Er tickt: Zu spät. Zu spät. Zu spät.

Von Zeit zu Zeit ertönen
Vier Schläge, zögernd, lang.
Ein Glöcklein hör ich stöhnen,
Mir wird von Herzen bang.
Da falten sich die Hände –
Es hat gewinkt, es hat gewankt.
Der Pendel stockt behende.
Ich bin am Ende
Angelangt.

## Die sogenannten »letzten Dinge«

So wie ich das Leben sehe,
Ist mir eigentlich nicht klar,
Wie man, wenn man in der Nähe
Jener »letzten Dinge« war,

Nah dem Werden und Vergehen,
Tief im Zwiegespräch mit Gott,
– Wie man, als wär' nichts geschehen,
Heimkehrt in den alten Trott

Aus dem Reiche der Aeonen,
Seinen Tag nach Stunden misst.
Nachts ein Streiter mit Dämonen,
Morgens brav sein Frühstück isst …

So wie ich die Dinge sehe,
Will es mir nicht in den Sinn,
Dass man aus dem Ach und Wehe
Des Woher und des Wohin

Heimkehrt wie von kurzer Reise
(Die kein Baedeker beschreibt!)
Und wie je im Freundeskreise
Froh das Leben sich vertreibt;

Sorglos wie ein Kind auf Ferien,
Und als gäb' es kein Warum.
– Zu den kosmischen Mysterien
Zähl' ich dies Mysterium.

Es fragt uns keiner, ob es uns gefällt,
ob wir das Leben lieben oder hassen.
Wir kommen ungefragt in diese Welt
und werden sie auch ungefragt verlassen.

## Elegie für Steven

Kein Wort vermag Unsagbares zu sagen.
Drum bleibe, was ich trage, ungesagt.
Und dir zu Liebe will ich nicht mehr klagen.
Denn du, mein stolzer Sohn, hast nie geklagt.

Und hätt ich hundert Söhne: Keiner wäre
Mir je ein Trost für diesen, diesen einen!
Sagt ich: hundert? Ja, ich sagte hundert
Und meinte hundert. Und ich habe keinen.

Daß man doch lernte, sich vor Ihm zu neigen,
Der grausam nimmt, was er so zögernd gab.
Solang mein Herz schlägt, ist darin dein Grab.
Ich setze dir ein Mal aus purem Schweigen.

Kein Wort. Kein Wort, Gefährte meiner Trauer!
Verwehte Blätter treiben wir dahin.
Nicht, daß ich weine, Liebster, darf dich wundern,
Nur daß ich manchmal ohne Träne bin.

## Kommentar überflüssig

Kein Wort ist gross genug, es ganz zu sagen,
Kein Ton so rein, dass es in ihm erklingt.
Wir müssen alles in uns weitertragen,
Tief wissend, dass es endlich uns bezwingt.

Und leise spür ich, wie wir uns entgleiten,
Da jeder stumm sein starres Schweigen schweigt.
Wie aus dem Nebel schimmern jene Zeiten,
Da eines sich dem andern zugeneigt.

So fällt am Morgen jeder Traum zusammen.
So stirbt zur Nacht der Sonne Leuchten bang.
Fahl qualmt die Asche aller roten Flammen.

Das Lied ist aus. Die Melodie verklang.

Du bist ein paar Stationen früher ausgestiegen
Der Koffer war dir zu schwer
Der Zug hatte immer Verspätung
Der Fahrplan stimmte nicht mehr
Was blieb von Dir? Ein toter Sohn
Dein Lied und die Reisedecke.
Du bist schon an der Endstation
Ich bleibe auf der Strecke

# Die Dritte Sinfonie

Als ich heut wieder Mahlers »Dritte« hörte,
Umfingen mich die Schatten alter Zeit.
Und auf den Schwingen der Unendlichkeit
Entfloh ich dieser Stadt und dem Getriebe,
In das Gewoge der Vergangenheit,
In das Vineta unsrer ersten Liebe.

Ein Gestern grüsste mich bei jedem Schritte.
Das dunkle Tor, das dem Erinnern sich
Stets halb verweigert hatte, – Mahlers »Dritte«
Erschloss es wie ein »SESAM ÖFFNE DICH!«
Und alles, was jahrzehntelang schon schlief,
Schien aufbewahrt in ›unserem‹ Motiv …

Wie Japanblumen, leblos im Papier,
Im Wasser aufgehn und sich bunt entfalten –
So regten sich bei jedem Takt in mir
Die eingefrornen Träume und Gestalten.
Dass es doch möglich wär, sie festzuhalten,

– Den Augenblick, und was ihm bang entstieg.
Die Stimme, was sie sagte, und verschwieg
Sich fortzuretten aus den Gletscherspalten
Ins Sonnenreich unsterblicher Musik.

## Zeit für Krähen

Das ist die Zeit der Krähen.
Die Nachtigallen schweigen.
Es geht ein düstrer Reigen,
Die Schnitter mähen, mähen,
Und keiner kommt, zu säen.

Das ist die Zeit der Raben.
Schwarz krächzt es durch die Wälder,
Wild flattert's um die Felder.
Sie sammeln sich zur Feier,
Die Raben und die Geier.

Erschöpft vom Mahle schwanken
Sie träg empor und danken,
Die Geier und die Raben,
Für all die Gottesgaben …

Und nur die Lerchen schwingen
Sich auf ins Morgenrot.
Doch die Sirenen singen
Auch hier das Lied vom Tod.

Da lauschen sie und neigen
Die Schwingen müd und bang.
Die zarten Köpfe beugen
Sie tief und horchen lang.

Und ihr Gejauchz wird Schweigen,
Und Trauer ihr Gesang.

# Memento

Vor meinem eignen Tod ist mir nicht bang,
Nur vor dem Tode derer, die mir nah sind.
Wie soll ich leben, wenn sie nicht mehr da sind?

Allein im Nebel tast ich todentlang
Und laß mich willig in das Dunkel treiben.
Das Gehen schmerzt nicht halb so wie das Bleiben.

Der weiß es wohl, dem gleiches widerfuhr;
– Und die es trugen, mögen mir vergeben.
Bedenkt: den eignen Tod, den stirbt man nur,
Doch mit dem Tod der andern muß man leben.

## Ein sogenannter schöner Tod

Eines Morgens wachst du auf und bist nicht mehr am
Leben.
Über Nacht, wie Schnee und Frost, hat es sich begeben.
Aller Sorgen dieser Welt
Bist du nun enthoben.
Krankheit, Alter, Ruhm und Geld
Sind wie Wind zerstoben.
Friedlich sonnst du dich im Licht
Einer neuen Küste,
Ohne Ehrgeiz, ohne Pflicht.
– Wenn man das nur wüßte!

## Sonne

Ich tat die Augen auf und sah das Helle,
Mein Leid verklang wie ein gehauchtes Wort. –
Ein Meer von Licht drang flutend in die Zelle,
Das trug wie eine Welle mich hinfort.

Und Licht ergoß sich über jede Stelle,
Durchwachte Sorgen gingen leis zur Ruh. –
Ich tat die Augen auf und sah das Helle,
Nun schließ ich sie so bald nicht wieder zu.

*Merke: nichts ankert im Wasser, das fließt*

## Das Datum

Uns allen ist lang schon
Ein Datum bestimmt,
Kind, Frau und Mann,
Der Tag, da das Ende
Den Anfang nimmt.
Wer kennt sein Wann?

Da der Atem stockt,
Und die tödlichen Zeichen
Den Pillen und Tropfen und Spritzen
Nicht weichen.

Und du hörst nur dein Herz
Und den Morgenwind.
Und du weißt, wenn das letzte Kapitel
Beginnt.

[…]

Und auf ein Mal erkennst du
Ganz deutlich dein Jetzt!
– Uns allen ist lang schon
Ein Datum gesetzt.

## Die Zeit steht still

Die Zeit steht still. Wir sind es, die vergehen.
Und doch, wenn wir im Zug vorüberwehen,
scheint Haus und Feld und Herden, die da grasen,
wie ein Phantom an uns vorbeizurasen.
Da winkt uns wer und schwindet wie im Traum,
mit Haus und Feld, Laternenpfahl und Baum.

So weht wohl auch die Landschaft unsres Lebens
an uns vorbei zu einem andern Stern
und ist im Nahekommen uns schon fern.
Sie anzuhalten suchen wir vergebens
und wissen wohl, dies alles ist nur Trug.

Die Landschaft bleibt, indessen unser Zug
zurücklegt die ihm zugemeßnen Meilen.

Die Zeit steht still. Wir sind es, die enteilen.

## Kurzes Gebet

Herr, laß mich werden, der ich bin
In jedem Augenblick.
Und gib, daß ich von Anbeginn
Mich schick in mein Geschick.

Ich spür, daß eine Hand mich hält
Und führt, – bin ich auch nur
Auf schwarzem oder weißem Feld
Die stumme Schachfigur.

Immer war ich auf der Suche
Nach dem Wunder in den Fernen
Ahnte Gott hoch in den Sternen
Und im Tale tief.
Wenn ich ihn rief,
lauschte er,
Kam er zum Kinde,
Und aus dem Winde
Rauschte er nah.

[ …]

## Unsinn und Sinn

Du suchst und suchst, und kannst den Sinn nicht finden.
Gibs auf; denn so wirst du ihn nicht ergründen.
Zieh deines Wegs und träume vor dich hin:
Wie oft enthüllt im Unsinn sich der Sinn!

## Resignation für Anfänger

Suche du nichts. Es gibt nichts zu finden,
nichts zu ergründen. Finde dich ab.
Kommt ihre Zeit, dann blühen die Linden
über dem frischgeschaufelten Grab.

Kommt seine Zeit, dann schwindet das Dunkel,
funkelt das wiedergeborene Licht.
Nichts ist zu Ende. Alles geht weiter.
Und du wirst heiter. Oder auch nicht.

Zwischen Vergehen und Wiederbeginnen
liegt das Unmögliche. Und es geschieht.
Wie und Warum waren nie zu ersinnen.
Neu klingt dem Neuen das uralte Lied.

Geh nicht zu Grunde, den Sinn zu ergründen.
Suche du nicht. Dann magst du ihn finden.

Nun aber, da der Teppich meines Lebens
Flach aufgerollt ist fast bis an sein Ende
Zeigt sich ein Muster, das ihm ferne Hände
Seit langem bunt und kunstvoll eingewebt.
Das seltsame Geflecht von Tag und Jahr
Auf ein Mal liegt es vor mir, rund und klar.

## Alle sieben Jahre

In den weisen Büchern habe ich gelesen:
Alle sieben Jahre wandelt sich dein Wesen.
Alle sieben Jahre, merket, Mann und Weib,
Wandelt sich die Seele, wandelt sich der Leib.

Wandelt sich dein Hassen, wandelt sich dein Lieben.
Und ich zählte heimlich: drei Mal, vier Mal sieben.
Ach, die Geister kamen. Und mein Ohr vernimmt:
Alle sieben Jahre … Siehe da, es stimmt.

Sorgenvoll betracht ich alle Liebespaare.
Ob sie es wohl wissen: Alle sieben Jahre …
Selbst in deinen Armen fragt mein Schatten stumm:
Wann sind wohl, Geliebter, unsre sieben um?

# Geistliches Lied

Des Menschen Leib fühlt sich daheim auf Erden;
Denn alles Irdische ist ihm verwandt.
Sein Geist jedoch muß hier zum Fremdling werden,
Der Himmel ist sein wahres Heimatland.

Fünf Tore rufen ihn zur Erde heiter,
Und hinter jedem Tore gähnt das Grab.
Zum Himmel führt nur eine schmale Leiter,
Doch Gottes Engel gehn dort auf und ab.

Es jagt der Leib vergebens nach der Krone
Und sammelt Schätze an im Haus der Zeit.
Der Geist, gleich dem verbannten Königssohne,
Sehnt sich zurück ins Reich der Ewigkeit.

## Gebet

Herr: unser kleines Leben – ein Inzwischen,
Durch das wir aus dem Nichts ins Nichts enteilen.
Und unsre Jahre: Spuren, die verwischen,
Und unser ganzes Sein: nur ein Einstweilen.

Was weisst du, Blinder, von des Stummen Leiden.
Steckt nicht ein König oft in Bettlersschuhn?
Wer sind wir denn, um richtend zu entscheiden.
Uns ward bestimmt, zu glauben und zu tun.

Lass du uns wissen, ohne viel zu fragen,
Lehr uns in Demut schuldlos zu verzeihn.
Gib uns die Kraft, dies alles zu ertragen,
Und lass uns einsam, nicht verlassen sein.

## Einer

Einer ist da, der mich denkt,
der mich atmet, der mich lenkt,
der mich schafft und meine Welt,
der mich trägt und der mich hält.
Wer ist dieser Irgendwer?
Ist er ich? Und bin ich Er?

Ich denke nicht; es denkt in mir
So wie es blüht und schneit.
Ich schwebe zwischen Raum und Zeit
Es lebt in mir die Ewigkeit.

## Leider und Gottseidank

Wenn dich auf Erden der Wechsel verdrießt,
Merke: nichts ankert im Wasser, das fließt.
Nichts ist beständig, nicht Schmerz noch Genuß.
Zweimal schwimmt keiner im selben Fluß.
Denk drüber nach!
Ähnliches sprach
Längst schon der »Dunkle von Ephesus«.

## Meditation

Nichts ist, sagt der Weise.
Du läßt es erstehen.
Es wird mit dem Wind
deines Atems vergehen
unmerklich und leise.
Nichts ist, sagt der Weise.

## Gedichte, die das Leben schrieb

*Weiß Gott, ich bin ganz unmodern.*
*Ich schäme mich zuschanden:*
*Zwar liest man meine Verse gern,*
*doch werden sie – verstanden!*

Über fünfzig Jahre ist es her, dass Mascha Kaléko sich mit dieser Strophe aus dem Gedicht *Kein Neutöner* humorvoll und kokettierend mit der Rezeption ihrer Werke auseinandersetzte. Dass ihre Texte viele Jahre nach ihrem Tod eine wahre Renaissance erleben und ganz und gar nicht »unmodern« wirken, hätte sich die Dichterin sicherlich nicht träumen lassen.

Es ist wohl gerade die Verständlichkeit ihrer Lyrik, die Mascha Kaléko heute zu einer der meistgelesenen deutschsprachigen Dichterinnen macht. Die Einfachheit und Lebensnähe ihrer Texte machen diese nicht nur im wörtlichen Sinne verständlich, sondern zeigen auch die Frau, die dahinter steht, die Autorin in ihrer ganzen Menschlichkeit. Immer wieder betonen Leserinnen und Leser in Rezensionen, wie sehr sie sich beim Lesen von Mascha Kalékos Texten selbst verstanden und gesehen fühlten, wie sehr sie sich in ihrer eigenen Lebens- und Gefühlswelt wiederfinden. Damit erfüllen die Gedichte eines unserer wesentlichen psychischen Grundbedürfnisse: das Bedürfnis nach Zugehörigkeit.

Ruhm war der Dichterin zu Lebzeiten nur selten beschert, und bei den wenigen Gelegenheiten kam ihr immer das Leben dazwischen. Nachdem Mascha Kaléko Anfang der 1930er-Jahre mit ihren Berliner Großstadtgedichten aus dem *Lyrischen Stenogrammheft* schlagartig berühmt wurde – in der damaligen Zeit war das eine Sensation für eine Frau –, machte die Naziherrschaft ihrem Erfolg ebenso abrupt ein Ende. Ihr zweiter Band *Kleines Lesebuch für Große* konnte nur noch unter der Hand verkauft werden, und schon bald brachte Mascha Kaléko sich mit Mann und Sohn in New York in Sicherheit. Für sie als Lyrikerin bedeutete dieser Schritt nicht nur den Verlust der Berliner Heimat, sondern auch den Verlust der Leserschaft, die ihre Sprache sprach.

Bei ihrer ersten Deutschlandreise nach der Emigration erlebte sie ein literarisches Comeback und wurde von Verlag und Publikum gefeiert. Bis sie drei Jahre später den angesehenen Fontane-Preis ablehnte mit der Begründung, das Jurymitglied Hans Egon Holthusen sei Mitglied der SS gewesen und es sei ihr nicht möglich, den Preis aus seiner Hand anzunehmen.

Damit war es mit dem »bisschen Ruhm« zu Lebzeiten ein für alle Mal vorbei. Im gleichnamigen Gedicht legt sie hiervon Zeugnis ab.

*Was ähnelt wohl dem bißchen Ruhme*
*so sehr wie eine Treibhausblume?*
*Soll dir das arme Pflänzchen sprießen,*
*mußt du es täglich brav begießen.*
*Und Dünger streun. Und Unkraut jäten.*
*Aufs Wetter sehn. Und leise treten.*
*Doch pfeifst du drauf, so wirst du nie*
*gekrönt von der A-ka-de-mie.*

Das Leben hielt für Mascha Kaléko auch sonst in ihren verbleibenden fünfzehn Lebensjahren nicht mehr viel Schönes bereit.

Von Kindheit an war es von Abschied und Verlust geprägt, und diese Themen zogen sich auch durch ihre Erwachsenenjahre. Schon früh musste sie zum ersten Mal mit den

Eltern ihre Heimat verlassen, als Erwachsene floh sie ins Exil in die USA. New York war ihr mit der Zeit zu einem geschätzten Zuhause geworden, viele Gedichte setzen ihrer dortigen Heimat Greenwich Village ein Denkmal. Doch auch diese musste sie zurücklassen, ihrem Mann Chemjo Vinaver zuliebe ging sie 1959, seiner Arbeit wegen, mit nach Israel. Doch im »Land der Väter« sollte sie nie heimisch werden.

Trotz der Umstände, die das Leben ihr bot, behielt sich die Dichterin viele Jahre eine große Zuversicht und bewundernswerte Liebe zum Leben. Mit diesen Gedichten steigt dieses Büchlein hier ein. Denn diese humorvolle Fröhlichkeit ist die Grundzutat, mit der sie aufs Leben schaute. Und das, obwohl Trennung und Einsamkeit ihr Leben von Beginn an prägten, wie die Gedichte über ihre Kindheit zeigen. Es gab wenig verlässliche Bezugspersonen in der Familie, viele Ortswechsel. Immer wieder, als Kind und als Erwachsene, wurde sie mit dem Gefühl, fremd zu sein und als Außenseiterin nicht dazuzugehören, konfrontiert. Gerade diese Texte, die das Fremdsein zum Thema machen, sind heute in Zeiten von Flüchtlingsdebatten und neu auflebendem Rassismus aktuell und wichtig.

Mascha Kaléko bewahrte sich das Vertrauen in Beziehungen. »Zur Heimat erkor ich mir die Liebe« schreibt sie in dem Gedicht *Die frühen Jahre*. Die Liebe und die Zugehörigkeit zu ihrem zweiten Mann Chemjo Vinaver und ihrem Sohn Steven trugen sie bei allen Schwierigkeiten durchs Leben.

Mit zunehmendem Alter sind ihre Texte immer mehr von Melancholie und Traurigkeit gezeichnet. Und dennoch behält die Dichterin, die sich in New York auch als Lebenskünstlerin beweist, viele Jahre Lebenswillen und Kampfgeist, fühlt sich »geschlagen aber nicht besiegt«.

Erst 1968 passiert das große Unglück, von dem sie sich nie mehr erholen wird: Ihr geliebter und einziger Sohn Steven stirbt im Alter von 32 Jahren an einer Bauchspeicheldrüsenentzündung. Steven war alles für seine beiden Eltern und weder Mascha Kaléko noch ihr Mann konnten den Tod ihres Jungen je verkraften.

Für uns hat sie aus dieser schweren Zeit mit ihre bedeutendsten Texte hinterlassen. Trauer, Abschied und Tod nehmen viel Raum in Mascha Kalékos Dichtung ein. Deshalb ist dem »Unsagbaren«, das sie dann doch so unvergleichlich gut in Worte gefasst hat, in diesem Buch mit

»Gedichten über das Leben« ein ganzes Kapitel gewidmet. Denn der Tod gehört zum Leben – das wird in unserer heutigen Gesellschaft viel zu häufig übersehen.

Nach Steven verliert sie 1974 dann auch ihren Mann Chemjo. In den Gedichten, Entwürfen und Notizbüchern aus dem letzten Jahr ist endgültig keine Hoffnung mehr spürbar. Ein Jahr später wird dann auch Mascha Kaléko vom Leben, das keine Freuden mehr für sie bereithält, erlöst, und stirbt nach schwerer Krankheit in Zürich.

Trotz der vielen Schicksalsschläge, die das Leben ihr zugemutet hat, spricht aus vielen Texten ein Urvertrauen, ein Glaube an eine höhere Macht, etwas Göttliches. »Was geschehn soll, wird geschehen«, davon war sie überzeugt. Eindrucksvoll belegen das auch ihre Briefe an den Zen-Buddhisten Manfred Ertel.

Vielleicht rührt daher auch ihr tiefer Glaube an »Wunder«. »Sei klug und halte dich an Wunder«. Dieser Vers aus dem Gedicht *Rezept* gibt dem Aphorismenband (dtv 14256), den ich 2013 mit Mascha Kalékos Nachlassverwalterin Gisela Zoch-Westphal zusammengestellt habe, den Titel. Neben der Liebe wurde Mascha Kaléko auch von ihrem Vertrauen in die kleinen Wunder des Alltags durchs

Leben getragen. In ihren Briefen finden sich immer wieder Schilderungen dieser »Wunder«, die sich ereigneten: eine Wendung zum Positiven, nachdem die Hoffnung schon verloren war. Dieses Vertrauen zeugt von einer enormen Offenheit des Geistes. Ihr hat sie geholfen, so mancher Zumutung des Lebens zu begegnen: »Wenn die Wellen über mir zusammenschlagen/Tauche ich hinab, nach Perlen zu fischen.«

Heute können wir Leserinnen und Leser von ihrer Lebensklugheit zehren. »Sei klug und halte dich an Wunder« ist mir persönlich zu einer Art Mantra geworden, und es hat sich oftmals bewährt. Auch in meiner Arbeit als Coach ziehe ich immer wieder Texte von Mascha Kaléko heran. Sie hat schon früh in einigen Texten in Worte gefasst, was die Wissenschaft der Positiven Psychologie Jahre später erforschte. Ihre »Gebrauchslyrik« ist echte Lebenshilfe. Ich wünsche jeder Leserin und jedem Leser, in diesem Band ein eigenes Kaléko'sches Mantra zu finden, denn: »Die Haltung zum Guten, zum Schlimmen/kann keiner als ich nur bestimmen.«

Bad Endorf, im Sommer 2021

*Eva-Maria Prokop*

# Verzeichnis der Gedichtüberschriften und -anfänge

Abzählreime für Große 19
Allerseelen 93
Alle sieben Jahre 123
*Als ich der Mutter meinen Kummer klagte* 63
*Als ich heut wieder »Mahlers« Dritte hörte* 106
*Am Kreuzweg fragte er die Sphinx* 18
Apropos »Freier Wille« 28
*Ausgesetzt* 59
Ausverkauf in gutem Rat 71
Aus dem Leben eines Aussenseiters 67
Autobiographisches 41
*A.: »Wir tun nur, was wir sollen.«* 28
Chanson von der Fremde 56
Das Datum 115
Das Ende vom Lied 79
*Das ist die Zeit der Krähen* 108
Das kleinere Übel 70
Das sechste Leben 39
Das »Mögliche« 24

*Dem besten Freunde* 75
Der Eremit 58
Der Fremde 55
Der glückliche Pessimist 27
*Der Tod brach ein in meiner Jugend Land* 91
*Des Menschen Leib fühlt sich daheim auf Erden* 124
Die Dritte Sinfonie 106
*Die Fremde ist ein kaltes Kleid* 56
Die frühen Jahre 59
*Die Nacht* 17
Die sogenannten »letzten Dinge« 100
*Die sogenannte Goldne Kinderzeit* 41
*Die Zeit steht still. Wir sind es, die vergehen* 117
Die Zeit steht still 117
*Dreiblätterklee: beinah, beinah* 19
*Du bist ein paar Stationen früher ausgestiegen* 105
*Du hast mir nur ein kleines Wort gesagt* 77
*Du suchst und suchst, und kannst den Sinn nicht finden* 120
*Einen Tagedieb* 67
*Einer ist da, der mich denkt* 126
Einer 126
*Eines Morgens wachst du auf und bist nicht mehr am Leben* 111
*Eine Katze hat neun* 39

*Einmal sollte man seine Siebensachen* 35
Einmal sollte man … 35
Ein sogenannter schöner Tod 111
Elegie für Steven 103
Enfant terrible 43
Enkel Hiobs 54
*Es fragt uns keiner, ob es uns gefällt* 102
*Es wohnen drei in meinem Haus* 22
Frommer Wunsch 96
Frühlingslied für Zugereiste 50
Gebet 22
Gebet 125
Geistliches Lied 124
Gute Vorsätze 20
*Hätte ich einen Vater gehabt* 47
Heimweh, wonach? 57
*Herr: unser kleines Leben – ein Inzwischen* 125
*Herr, laß mich werden, der ich bin* 118
*Ich brüte wieder hinter meiner Wolke* 80
*Ich denke nicht; es denkt in mir* 127
*Ich frage mich oft* 85
*Ich freu mich, daß am Himmel Wolken ziehen* 12
*Ich habe aus traurigem Anlaß jüngst* 71
*Ich / Habe eine* 43
*Ich habe es satt* 83

*Ich habe mit Engeln und Teufeln gerungen* 24
*Ich säh' dich gern noch einmal, wie vor Jahren* 79
*Ich tat die Augen auf und sah das Helle* 112
*Ich werde fortgehn, Kind. Doch du sollst leben* 94
*Immer war ich auf der Suche* 119
Im Anfang war das Schweigen … 25
*In den weisen Büchern habe ich gelesen* 123
In dieser Zeit 21
*In dieser »Woche der Brüderlichkeit«* 26
*Jage die Ängste fort* 14
*Jüngst sah mein kleiner Sohn* 89
Katzenjammer-Monolog 65
Kein Kinderlied 37
*Kein Wort ist gross genug, es ganz zu sagen* 104
*Kein Wort vermag Unsagbares zu sagen* 103
Kleine Auseinandersetzung 77
*Kleine Geschenke* erkalten *die Freundschaft* 73
Kommentar überflüssig 104
Kurzes Gebet 118
Leben vor dem Tode 92
Leider und Gottseidank 128
Letztes Lied 94
*Liebes fremdes Land, Heimat du, wievielte* 50
*Liebe den Nächsten* 69
*»Liebe« und »Freundschaft«* 74

Lobenswertes Lebensmotto 11
*locker / so locker hinterm Auge* 81
*Man soll seinen Mantel nicht zu lang an den gleichen Nagel hängen* 33
Meditation 129
*Meine Kindheit weht zu mir herüber* 44
*Mein Leben war ein Auf-dem-Seile-Schweben* 82
*Mein Zeiger läuft behende* 99
Memento 110
*Mich trieb von Berlin nach Amerika* 38
*»Morgen«, sage ich, »morgen«!* 20
Motto für die »Woche der Brüderlichkeit« 26
*Nachts hör ich den Regen* 52
*Nach meinem Tode (Trauer streng verbeten)* 97
*Nichts ist, sagt der Weise* 129
*Noch ein Mal mit Augen des Kindes* 96
Notizen 44
*Nun aber, da der Teppich meines Lebens* 122
*Ob wohl die Toten im Grabe nichts spüren?* 93
*Reden ist Lärm. Schweigen ist Stille* 25
Resignation für Anfänger 121
Rezept 14
Seiltänzerin ohne Netz 82
*Sei still, sei still* 16
Sei still … 63

*Sie kommen mit Gaben* 72
*Sie sprechen von mir nur leise* 55
*Sie warfen nach ihm mit Steinen* 58
Sonne 112
Sozusagen grundlos vergnügt 12
*So wie ich das Leben sehe* 100
*Suche du nichts. Es gibt nichts zu finden* 121
»Take it easy!« 84
*»Tehk it ih-sie!« – sagen sie dir* 84
Temporäres Testament 97
Trauernd hinterblieben 91
Uhrenlied 99
Unsinn und Sinn 120
*Uns allen ist lang schon* 115
Unter fremdem Dach 52
Vagabundenspruch 33
Vorspruch – ziemlich frei nach Goethe 7
*Vor meinem eignen Tod ist mir nicht bang* 110
*Was immer die Dinge mir bringen* 11
Was man so alles überlebt 85
*Was nachher kommt, wie sollen wir das wissen?* 92
Wegweiser 18
*Wenn dich auf Erden der Wechsel verdrießt* 128
*Wenn du schon hassen mußt* 70
*Wenn ich »Heimweh« sage, sag ich »Traum«* 57

*Wie glücklich ist der Pessimist* 27

Wie sag ich's meinem Kinde? 89

*Wie tief entbrannte über uns der Zorn!* 54

*Wir haben keine andre Zeit als diese* 21

*Wohin ich immer reise* 37

Zeit für Krähen 108

*Zuweilen möchte man aus sich heraus* 65

*Zuzeiten öffnen sich verschloßne Türen* 23

*Zu den hier mitgeteilten Worten* 7

## Quellenhinweis:

Alle Gedichte sind der Gesamtausgabe Mascha Kaléko: *Sämtliche Werke und Briefe in vier Bänden*, München 2012, entnommen.

Aus Gründen der Lesefreundlichkeit wurden Orthographie und Interpunktion stellenweise sanft angeglichen.